Das Krippen-Jahreszeitenbuch

Streichelspiele & Massagegeschichten

Bildnachweis

Freepik.de
S. 3: pikisuperstar | S. 14/15/55: Rawpixel

Gettyimages.de
S. 1: dvoriankin | S. 5: Fatcamera | S. 11: srsampedro1976 | S. 15: ArtMarie | S. 16: fotostorm | S. 18: ArtMarie | S. 19: enviromantic | S. 21: DebraLee Wiseberg | S. 23: luplupme | S. 26: Antrey | S. 30: VikiVektor | S. 36: MichaelSvoboda | S. 38: johavel | S. 41: FluxFactory | S. 44: MarinaMays | S. 46: worldofvector | S. 47: Melody A | S. 50: Tashi-Delek | S. 51: heraldodelsur | S. 52: artpipi | S. 54: fotostorm | S. 57: brusinski | S. 59: AleksandarNakic | S. 67: Fatcamera | S. 68: ArtMarie | S. 69: DmitryLityagin | S. 70: Eriko Koga | S. 71: GelatoPlus | S. 72/73: odina222 | S. 74: Jenn Austin-Driver | S: 78: rotofrank | S. 79: Si-Gal | S. 80: dvoriankin

Impressum

ISBN: 978-3-96046-086-2

Das Krippen-Jahreszeitenbuch
Streichelspiele & Massagegeschichten

Klett Kita GmbH
Rotebühlstr. 77
70178 Stuttgart
Internet: www.klett-kita.de

Redaktion	Myriam Bork
Redaktionelle Mitarbeit	Janine Klumper, Nicole Woratz
Autoren	Britta Bartoldus, Marion Bischoff, Jana Ezell, Katja Krettek-Pingel, Aline Kurt, Michaela Lambrecht, Margot Lindner, Leah Schäfer, Tina Scherer, Theresa Schuster
Illustration	Alexandra Junge, Nadine Liesse
Umschlagillustration	Anke Dammann
Gestaltung und Satz	DOPPELPUNKT, Stuttgart
Druck	Grafik Media Produktionsmanagement, Köln

Kontakt
Telefon: 07 11 / 66 72 58 00
Telefax: 07 11 / 66 72 58 22
kundenservice@klett-kita.de

Gedruckt auf chlorfrei gebleichtem Papier.

Bibliografische Information der Deutschen Nationalbibliothek. Die Deutsche Nationalbibliothek verzeichnet diese Publikation in der Deutschen Nationalbibliografie. Detaillierte bibliografische Daten sind im Internet über http://dnb.d-nb.de abrufbar.

2. Auflage

Inhalt

Frühling

Sommer

Herbst

Winter

Liebe Leserinnen und Leser,

wenn ein Kind Mama oder Papa vermisst, noch ein bisschen müde ist oder einfach Nähe braucht: Kuscheln, Streicheln und Körperkontakt sind für unsere Jüngsten besonders wichtig. Der liebevolle Kontakt zu Ihnen gibt dem Kind Sicherheit, es fühlt sich angenommen und geborgen – aus Berührungen entsteht Bindung!
Streichelreime, Kuschellieder und Massagegeschichten sind wunderbare Begleiter in diesen und vielen weiteren Situationen in Ihrem Krippenalltag.

Ausruhen, massieren lassen und einer Geschichte lauschen – ob nach dem Aufwachen, vor dem Einschlafen oder einfach zwischendurch: Kleine Pausen im turbulenten Krippenalltag tun gut und helfen den Kindern, zur Ruhe zu kommen und Kraft für neue Abenteuer zu sammeln.

Besonders in der Wickel- und Pflegesituation haben Sie die Möglichkeit, einem Kind Ihre ganze Aufmerksamkeit zu schenken. Ein kurzer Streichelreim oder ein Eincremevers macht das Wickeln für die Kinder zu einem besonderen Moment und schafft eine vertrauensvolle Atmosphäre.

Mit den Streichelspielen, Reimen, Geschichten und Massagen in diesem Buch sind Sie für das ganze Jahr ausgestattet: Im Frühling kommt das Krabbelkäferchen und im Sommer lädt der kleine Streichelschwamm zu einer Schwammmassage im Planschbecken ein. Im Herbst kitzelt der Specht die Kinder und im Winter entspannen sie bei Streichelgeschichten mit dem Nikolaus.

Wir wünschen Ihnen und Ihren Kindern viele Freude!

Ihr Jahreszeitenbuch-Team

Frühling

Gute Nacht, lieber Hase

Kuschelgeschichte

Alter: ab 9 Monaten
Dauer: 10 Minuten

Der Osterhase hat es endlich geschafft. Alle Nester für die Kinder sind versteckt und er hüpft nach Hause.
Mit den Fingern über den Rücken hüpfen.

Gähnend legt er sich in seinen Hasenbau und kuschelt sich in die dicke Bettdecke ein.
Arm um das Kind legen.

Die Decke hat seine Frau aus Gras und Heu für ihn gestrickt. Leise schleicht sich Frau Osterhase ins Schlafzimmer.
Mit mehreren Fingern über den Rücken trippeln.

Als sie ihren Mann sieht, lächelt sie. Er hat noch Farbkleckse im Gesicht von den Ostereiern, die er gefärbt hat.
Mit einem Finger auf die Wange tippen.

Frau Osterhase zieht ein Taschentuch aus ihrer Rocktasche und wischt damit vorsichtig über die Wange ihres Mannes.
Mit der Hand über die Wange streichen.

Der Osterhase schnarcht leise.
Schnarchgeräusche machen.

Er bemerkt gar nicht, dass seine Frau ihn putzt.
Mit der Hand erneut über die Wange streichen.

Doch als sie sich neben ihn legt und sich ganz eng an ihn kuschelt, erwacht der Osterhase. Er lächelt seine Frau an, legt seinen Arm um sie und gemeinsam schlafen sie tief und fest bis zum nächsten Osterfest.

Idee: Marion Bischoff

Streichel, streichel, Schmetterling

Handstreichelspiel

Alter: ab 9 Monaten
Dauer: 5 Minuten

Streichel, streichel, Schmetterling,
wohin fliegst du, kleines Ding?
Das Kind an der Hand streicheln.

Setzt dich auf mein Ärmchen drauf,
krabbelst meine Schulter rauf.
Mit der Hand auf dem Arm landen, dann am Arm herauflaufen bis zur Schulter.

Streichel, streichel, Schmetterling,
das kitzelt sehr, du kleines Ding.
Das Kind am Hals kitzeln.

Setzt dich auf mein Bäuchlein drauf,
krabbelst an der Brust herauf.
Auf dem Bauch landen, dann Kind am Hals kitzeln.

Streichel, streichel, Schmetterling,
das kitzelt sehr, du kleines Ding.
Das Kind am Hals kitzeln.

Setzt dich auf mein Hälschen drauf,
krabbelst meinen Kragen rauf.
Auf dem Hals landen und dort kitzeln.

Streichel, streichel ... Wo bist du nur,
mein Schmetterling?
Weg fliegst du, du kleines Ding.
Die Hand wegnehmen und hinter dem Rücken verstecken.

Idee: Tina Scherer

Krabbelkäferchen

Massagegeschichte

Kennst du das Krabbelkäferchen?
Mit den Fingern einer Hand über den Bauch des Kindes krabbeln.

Es wandert hin und her. Mit seinen dünnen Fühlerchen kitzelt es dich manchmal sehr.
Am Kinn kitzeln.

Das Krabbelkäferchen ist froh, bei dir fühlt es sich wohl.
Die Hand zur Faust geballt in die Achsel des Kindes legen.

Es klettert deinen Arm hinab und krabbelt auf die Hand.
Mit den Fingern über den Arm und die Hand krabbeln.

Dann springt es flugs zu deinem Fuß und hält dort ganz kurz an.
Die Finger auf den Fuß legen.

Es wandert dir von einem Bein aufs andere hinauf.
Über die Beine krabbeln.

Und wenn es dann noch weitergeht, sitzt es auf deinem Bauch.
Faust sanft auf den Bauch legen.

Wenn es vom Krabbeln müde ist, legt es sich gleich zur Ruh.
Hand auf dem Bauch spreizen.

Es träumt von seiner Krabbelei und macht die Augen zu.
Schließen Sie Ihre Augen.

Idee: Marion Bischoff

Ein kleiner Halm

Fußstreichelspiel

Ein kleiner Halm, der weht im Wind,
dann pflückt ihn schnell ein Wichtelkind.

Einen Grashalm pflücken.

Es kitzelt dich am Fuß mit dem Halm, hi und hu!
Das kitzelt und kitzelt, merkst es auch du?

Das Kind am Fuß/Knöchel kitzeln.

Material
- Grashalm

Dann kitzelt es dich an der Hand, hi und hu!
Das kitzelt und bitzelt, merkst es auch du?

Das Kind an der Hand kitzeln.

Dann kitzelt es dich an der Nase, ganz leicht,
bis es mit dem Kitzeln für heute mal reicht.

Den Halm wegwerfen.

Idee: Tina Scherer

Wo der Osterhase wohnt

Fantasiereise

Alter: ab 3 Jahren
Dauer: 20 Minuten

Stell dir vor, du läufst früh am Morgen über eine Frühlingswiese. Du hörst die Vögel zwitschern und spürst das Gras unter deinen Füßen. Fröhlich rennst und springst du umher. Da ist ein ein Rascheln vor dir. Ja, da, zwischen den hohen Gräsern bewegt sich etwas! – Etwas mit einem buschigen Schwanz und langen Ohren. Es hoppelt. Ein Hase!

Du läufst hinterher und jetzt erkennst du, dass das kein gewöhnlicher Hase ist, denn er trägt einen großen Korb auf dem Rücken. Du folgst dem Hasen nun etwas schneller und versuchst ihn einzuholen.

Auch der Hase wird schneller und vor lauter Gehoppel purzelt etwas aus seinem Korb. Du hebst es auf: ein Schokoladenei in buntem Papier! Du bist auf einmal ganz aufgeregt. Du hast tatsächlich den Osterhasen gesehen! Bald siehst du die Hasenohren in der Ferne auf- und abhüpfen und folgst ihnen.

Der Hase verlässt die Wiese und hoppelt in den Wald. Ob er wohl nach Hause läuft? Wo wohnt der Osterhase eigentlich? Na, vielleicht wirst du das gleich herausfinden. Du kletterst über umgefallene Baumstämme, kämpfst dich durch ein Gestrüpp aus Zweigen und springst mit einem großen Satz über einen Bach. Da siehst du, wie der Hase auf eine Lichtung hoppelt. Vor Staunen bleibst du unter den Bäumen stehen.

Denn dort ist es: das Zuhause des Osterhasen. Du schaust auf die Lichtung, siehst, wie der Hase in seinem Heim verschwindet. Wie sieht es aus, das Zuhause des Osterhasen? Versuche es dir ganz genau vorzustellen. Ist es groß oder klein? Ist es ein ganz normales Haus oder …? Was gibt es dort noch alles? Lauf umher und erkunde alles! Was hast du gesehen?

Idee: Theresa Schuster

Osterhase, komm mal schnell

Streichelspiel

Alter: ab 3 Monaten
Dauer: 5 Minuten

Osterhase, komm mal schnell,
Mit den Fingern über den Rücken tippeln.

putz die Ohren, putz das Fell!
Mit den Fingern über den Rücken streicheln.

Osterhühnchen, komm dazu,
Mit den Fingern über den Rücken tippeln.

putz den Schnabel nun auch du!
An einer Stelle mit den Fingern kurze Streichbewegungen machen.

Denn wisst ihr, was es heute gibt?
Ostern! Weil das jeder liebt.
Mit den Fingern über den ganzen Rücken streicheln.

Idee: Tina Scherer

Lilly und das Häschen

Fantasiereise

Alter: ab 1 Jahr
Dauer: 15 Minuten

Lilly macht einen Spaziergang durch den Wald. Es ist ein richtig schöner Tag. Die Sonne scheint und es ist warm. Es duftet nach Blättern und Blumen. Lilly hört Vögel, die fröhlich zwitschern und singen. Als sie zu einer kleinen Lichtung kommt, beschließt sie, eine Pause zu machen. Sie setzt sich ins weiche, grüne Gras.

Auf einmal entdeckt Lilly ein Häschen, das ganz langsam auf sie zu hoppelt.
„Hallo", sagt es zu ihr. „Hast du Lust, mir Gesellschaft zu leisten?"
Lilly freut sich sehr. Sie läuft dem Häschen entgegen und streichelt sein weiches, braunes Fell.

„Gerne leiste ich dir Gesellschaft", antwortet sie fröhlich.

Während sich das Häschen an Lilly schmiegt, krault sie es zwischen seinen langen Schlappohren. Dann rennen beide durch den Wald. Sie spielen Fangen, Verstecken und *Ich sehe was, was du nicht siehst*.

„Jetzt brauche ich eine Verschnaufpause", japst das Häschen.

„Ich auch", stimmt Lilly ihm völlig außer Atem zu. Müde und erschöpft lassen sich beide in das grüne Gras fallen.

Lilly und das Häschen kuscheln sich aneinander.

Dabei spürt Lilly das flauschige Fell an ihren Händen, Armen und Wangen. Es fühlt sich warm und weich an. Eine Zeit lang bleiben die zwei entspannt im Gras liegen.

Als sie sich genug ausgeruht haben, rekelt sich Lilly ausgiebig und streckt die Arme in die Luft.

„Es war toll mit dir. Leider muss ich jetzt aber wieder nach Hause", sagt Lilly.
„Ich fand es auch schön", antwortete das Häschen. „Wir sehen uns bestimmt schon bald wieder."

„Ja, ganz bestimmt. Bis bald!", lächelt Lilly dem Häschen zu und umarmt es noch einmal zum Abschied.

Idee: Katja Krettek-Pingel

Wir säen Blumen

Massagegeschichte

Alter: ab 1 Jahr
Dauer: 5 Minuten

Erst wird die Erde aufgelockert.
Sanft die Haut zwicken.

Dann werden die Saatlinien gezogen.
Mit den Fingerspitzen etwa 5 Linien nebeneinander von Schulter bis zum Gesäß ziehen.

Anschließend geben wir den Samen in die Erde.
Entlang der Linien mit einem Finger tippen.

Jetzt müssen wir die Erde zuscharren.
Mit beiden Händen parallel von den Seiten zur Wirbelsäule hin streichen.

Damit die Blumen gut wachsen, brauchen sie Wasser.
Wir gießen die Blumen.
Mit den Fingerspitzen leicht auf den Rücken klopfen.

Heute scheint die Sonne.
Die Handflächen aneinanderreiben und sich auf den Rücken legen.

Idee: Britta Bartoldus

Frühlingsgewitter

Massagegeschichte

Alter: ab 2 Jahren
Dauer: 10 Minuten

Die Sonne scheint warm auf deinen Rücken.
Die Hände flach auf den Rücken legen.

Ein leichter Wind kommt auf.
Die Hände streichen zart und langsam über den Rücken und die Schultern.

Der Wind frischt auf und treibt Wolken zu uns.
Die Bewegungen werden schneller und stärker.

Es beginnt zu blitzen
Mit dem Zeigefinger Blitze auf den Rücken malen.

und der Donner kommt.
Mit den geballten Händen vorsichtig auf den Rücken klopfen.

Der Regen prasselt herab
Mit den Fingerspitzen behutsam auf den Rücken trommeln.

und der Regen wird immer stärker.
Mit den Fingerspitzen ein wenig fester trommeln.

Der Wind treibt die Wolken auseinander.
Die Hände streichen von der Wirbelsäule nach außen.

Der Regen hört auf.
Mit den Fingern nur noch kleine Tropfen auf den Rücken tupfen.

Die Sonne kommt wieder hervor und wärmt uns.
Die Hände fest aneinanderreiben und anschließend auf den Rücken legen.

Ein Regenbogen ist zu sehen.
Mit der Hand einen Bogen auf den Rücken malen.

Idee: Britta Bartoldus

Auf der Frühlingswiese ist was los

Massagegeschichte

Alter: ab 1 Jahr
Dauer: 10 Minuten

Auf einer großen Wiese gibt es viele bunte Blumen.
Das Kind liegt auf dem Bauch. Streichen Sie mit den Handflächen über den Rücken.

Sie duften herrlich. Es gibt rote, gelbe, weiße, rosa- und lilafarbene Blüten.
Mit den Handflächen nacheinander verschiedene Stellen am Rücken berühren.

Viele kleine und große Tiere leben hier. Ich sehe eine Ameise über die Wiese krabbeln.
Mit zwei Fingern sachte den Rücken rauf- und runterlaufen.

Die Schnecke bewegt sich langsam vorwärts.
Die Hand langsam über den Rücken schieben. Dabei bleibt der Daumen hinten. Die anderen vier Finger sind vorne und der Daumen schiebt sich nach.

Die Bienen summen beim Fliegen.
Mit dem Zeigefinger über den Rücken kreisen.

Die kleine Spinne rennt schnell in ihrem Spinnennetz hin und her.
Alle Finger bewegen sich schnell und ganz leicht über den Rücken.

Ein Häschen hoppelt vorbei.
Mit den geschlossenen Fingerspitzen über den Rücken hüpfen.

Und hinter ihm huscht ein Mäuschen durch das Gras.
Alle Finger bewegen sich schnell und etwas fester als bei der Spinne über den Rücken.

Da kommt ein wunderschöner Schmetterling. Gelb und blau und rot ist er. Wie schön seine Flügel aussehen, wenn er fliegt.
Die Fingerspitzen greifen ganz vorsichtig nach der Haut und wandern so über den Rücken.

Er landet auf einer Blume.
Die Fingerspitzen an einem Punkt absetzen.

Dann schaut er sie sich noch genauer an und läuft über die Blume.
Alle Finger bewegen sich schnell und ganz leicht auf der Stelle.

Er steckt seinen Rüssel in die Blüte und trinkt süßen Nektar. Das ist fein!
Den Zeigefinger vorsichtig auf den Rücken drücken.

Jetzt ist er satt und kann zur nächsten Blüte fliegen. Bis bald, kleiner Schmetterling!
Die Fingerspitzen greifen ganz vorsichtig nach der Haut und wandern so über den Rücken. Danach mit den Handflächen über den Rücken des Kindes streichen.

Idee: Leah Schäfer

Eine Zugfahrt

Fantasiereise

Alter: ab 2 Jahren
Dauer: 10 Minuten

Heute wollen wir eine Reise machen. Lege dich dazu gemütlich hin und schließe die Augen. Stell dir vor, du sitzt in einem Zug und schaust aus dem Fenster.

Du siehst viele Menschen am Bahnsteig stehen. Manche haben Koffer dabei, andere winken den Reisenden zu. Siehst du die Frau, dort hinten bei der Bank? Sie winkt mit einem blauen Taschentuch.

Und schon geht die Fahrt los. Langsam setzt der Zug sich in Bewegung. Dann wird er schneller und schneller.

Du schaust ganz genau, was da draußen so los ist. Da ist eine Wiese. Und auf dieser Wiese stehen viele Kühe. Schwarz und weiß sind sie gefleckt. Siehst du auch das kleine Kälbchen, ganz hinten am Zaun? Es versteckt sich bei seiner Mama.

Und schon kommt ihr an einem großen See vorbei. Hier fahren viele Segelboote. Und wenn du ganz genau hinschaust, erkennst du auch die Enten und Schwäne, die auf dem See schwimmen.

Danach fährt der Zug in einen Tunnel. Jetzt siehst du nichts mehr durch das Fenster. Ganz dunkel ist es da draußen. Aber zum Glück sind im Zug ja die Lichter an. So kannst du hier drinnen noch genug sehen.

Kurze Zeit später fahrt ihr an einer großen Straße vorbei. Das ist die Autobahn. Du siehst viele Autos: rote, schwarze, blaue und graue. Sie stehen alle hintereinander und können nicht weiterfahren. Da ist ein Stau. Wie schade!

Langsam wirst du müde vom vielen Hinausschauen. Du schließt die Augen und schläfst ein.

Als du wieder aufwachst, fährt der Zug gerade in den Bahnhof. Du bist angekommen und kannst aussteigen. Was für eine spannende Zugfahrt!

Idee: Leah Schäfer

Was kribbelt da?

Streichelvers

Alter: ab 3 Monaten
Dauer: 5 Minuten

Ein kleiner Käfer wandert munter
immer rauf und wieder runter.

Mit den Fingern den Rücken des Kindes mehrmals rauf- und runterlaufen.

Läuft mal hin und auch mal her,
dann werden ihm die Beinchen schwer.

Mit den Fingern den Rücken des Kindes mehrmals nach links und nach rechts laufen.

Er legt sich hin und schläft gleich ein

Die Fingerspitzen zusammennehmen. Danach langsam die Hand öffnen und dabei mit den Fingerspitzen den Rücken des Kindes berühren, bis die flache Hand auf dem Rücken liegt.

und träumt vom warmen Sonnenschein.

Mit der Handfläche mehrmals über den Rücken streichen.

Idee: Leah Schäfer

Tip, tip, tip, da kommt ein Mäuschen

Streichelvers

Alter: ab 3 Monaten
Dauer: 5 Minuten

Tip, tip, tip, da kommt ein Mäuschen,
läuft ganz schnell den Berg hinauf.
Tip, tip, tip, klopft an das Häuschen.
„Guten Tag, mach mir doch auf."

Tap, tap, tap, da kommt ein Häschen,
hoppelt schnell den Berg hinauf.
Tap, tap, tap, klopft mit dem Näschen.
„Guten Tag, mach mir doch auf."

Und so geht's:

Das Kind liegt auf dem Rücken oder sitzt vor Ihnen.

Sie beginnen an einer Hand und laufen mit zwei Fingern den Arm hinauf, bis zur Schulter. Diese tippen Sie bei „Tip, tip, tip, klopft an das Häuschen." an. Danach wandern die beiden Finger bis zum Ohr und wackeln vorsichtig am Ohrläppchen.

Wechseln Sie zur anderen Hand des Kindes und hüpfen mit den Fingerspitzen Ihrer Hand den Arm hinauf, bis zur Schulter. Diese tippen Sie bei „Tap, tap, tap, klopft mit dem Näschen" an. Danach hüpfen Ihre Fingerspitzen bis zum Ohr und wackeln vorsichtig am Ohrläppchen.

Idee: Leah Schäfer

Mit dem Räupchen unterwegs

Fantasiereise

Alter: ab 2 Jahren
Dauer: 15 Minuten

Mach es dir richtig gemütlich. Wenn du möchtest, kannst du deine Augen schließen. Ich möchte dir eine Geschichte über eine kleine Raupe erzählen.

Raupen essen ganz schön viel, damit sie wachsen und eines Tages ein wunderschöner Schmetterling werden. Für die kleine Raupe ist die Welt ein großes Abenteuer.

Es gibt jeden Tag ganz viel Neues zu entdecken. Unsere kleine Raupe mag am liebsten grüne Blätter.

Schon morgens macht sie sich auf den Weg, um grüne Blätter zu suchen. Bis zum Mittag hat sie dann bereits ziemlich große Löcher in ihr Blatt gefressen.

Aber nach dem Mittag ist die kleine Raupe immer ganz müde und muss sich erst einmal ausruhen.

Sie sucht sich ein sonniges Plätzchen auf einem besonders schönen Blatt. Das Blatt, auf dem die Raupe liegt, wird im Wind hin- und hergeschaukelt, ganz langsam hin und her. Die kleine Raupe atmet ganz ruhig ein und aus. Sie träumt davon, wie es ist, später einmal ein wunderschöner Schmetterling zu sein.

Und nach einer Weile hat sich die kleine Raupe ausgeruht und wieder ziemlich großen Hunger. Sie reckt und streckt sich. Dabei wird sie fast doppelt so groß.

Und jetzt kommen wir langsam wieder ins Hier und Jetzt. Du kannst dich noch einmal recken und strecken wie die Raupe. Mach deine Augen auf und du bist wieder frisch und munter.

Idee: Britta Bartoldus

Sommer

Kribbel-krabbel-Ameise

Streichelspiel

Alter: ab 1 Jahr
Dauer: 5 Minuten

Eine kleine Ameise kribbelt und krabbelt auf deinen Armen.
Mit der Hand einen Arm hinaufkrabbeln.

Eine kleine Ameise kribbelt und krabbelt auf deinen Beinen.
Mit der Hand ein Bein hinaufkrabbeln.

Eine kleine Ameise kribbelt und krabbelt auf deinem Bauch.
Mit der Hand am Bauch kitzeln.

Eine kleine Ameise kribbelt und krabbelt auf deinem Kopf.
Mit der Hand auf dem Kopf kitzeln.

Wie das kitzelt! Schnell weg, du kleine Ameise,
lauf wieder zurück zu den anderen Ameisen!
Mit den Fingerspitzen das Weglaufen nachspielen.

Idee: Michaela Lambrecht, Tina Scherer

Die Reise auf dem Regenbogen

Entspannungsgeschichte

Material
- Klangschale

Alter: ab 2 Jahren
Dauer: 10 Minuten

Stell dir vor, du siehst einen wunderschönen, bunten Regenbogen hoch oben am Himmel. Du gehst näher und näher zum Regenbogen. Als du direkt vor ihm stehst, beginnst du auf den Regenbogen zu klettern. Ganz vorsichtig steigst du auf die Farbe Lila. Dabei hörst du einen wundervollen Klang. Du hörst dem Klang zu, bis er zu Ende ist.

Die Klangschale wird leise angeschlagen.

Als der Klang verhallt ist, traust du dich auf die nächste Farbe Blau. Leise hörst du wieder diesen wunderschönen Ton.

Die Klangschale wird leise angeschlagen.

Als der Ton verklungen ist, hüpfst du mit einem kleinen Sprung auf die nächste Farbe Grün. Du lauschst wieder dem Klang. Jetzt hörst du ihn etwas lauter.

Die Klangschale wird ein wenig lauter angeschlagen.

Neugierig kletterst du nun auf die Farbe Gelb. Wie kräftig das Gelb leuchtet! Und wie laut der Klang jetzt ist.

Die Klangschale wird kräftiger angeschlagen.

Als der Ton nicht mehr zu hören ist, gehst du gespannt weiter zur nächsten Farbe Orange. Die Farbe strahlt und leuchtet hell. Du vergisst fast weiterzugehen. Aber du bist neugierig und kletterst auf die letzte Farbe des Regenbogens, die Farbe Rot. Der Ton ist nun ganz klar zu hören. Du siehst dich um und betrachtest all die schönen Farben des Regenbogens.

Die Klangschale wird leise angeschlagen.

Als es wieder leise ist, setzt du dich auf den Regenbogen und beginnst, vorsichtig den Regenbogen herunterzurutschen. Ganz langsam und behutsam rutscht du auf den bunten Farben hinunter. Als du unten angekommen bist, siehst du eine kleine Klangschale. Vorsichtig schlägst du die Klangschale an und lauschst ein letztes Mal dem wunderschönen Ton.

Die Klangschale ein letztes Mal anschlagen und ausklingen lassen.

Nun ist deine Reise auf dem Regenbogen zu Ende.

Idee: Michaela Lambrecht

Im Zoo

Massagegeschichte

Alter: ab 2 Jahren
Dauer: 20 Minuten

Heute waren wir im Zoo. Jetzt ist es schon dunkel und die Tiere im Zoo werden langsam müde. Wenn es Abend wird, gehen auch sie in ihre Ställe, Nester oder Häuschen. Auch wir sind schon ganz müde. Du machst es dir bequem und schließt deine Augen.

Die Kinder, die massiert werden, legen sich gemütlich zurecht, am besten auf den Bauch.

Mit unseren Fingern erzählen wir auf deinem Rücken Geschichten von den Zootieren, die wir heute gesehen haben. Geh in deinen Gedanken zurück in den Zoo: Du hörst ein Geräusch, drehst dich um und siehst, wie die Kängurus herumspringen.

Mit den Fingern auf dem Rücken hüpfen.

Es sieht so aus, als würden sie ein Wettrennen machen, so schnell und so hoch hüpfen sie. Eines hat sogar ein Baby in seiner Bauchtasche. Ganz schwer hüpft es den anderen hinterher.

Mit den Fingern langsamer hüpfen.

Du kannst schon das Elefantenhaus sehen. Kräftig und langsam stampfen sie zu einigen Äpfeln, die ihnen der Zoowärter gerade hingelegt hat.

Kräftig und langsam mit den Fäusten auf den Rücken drücken.

Idee: Britta Bartoldus

Da ist ja auch ein Krokodil, das gefährlich das Maul aufsperrt und schnappt.

Vorsichtig ein bisschen Haut am Rücken zwischen Daumen und Fingern einklemmen und wieder loslassen.

Bei den Affen ist mächtig was los. Sie laufen in ihrem Gehege hin und her.

Mit den Fingern im Zickzack auf dem Rücken laufen.

Hinter der Mauer ist das Schlangenhaus, wo sich die Schlangen langsam vorwärtsbewegen.

Mit den Handflächen langsame Schlangenbewegungen auf dem Rücken machen.

Im Ameisenhaus krabbeln viele Ameisen kreuz und quer und versuchen, kleine Stöcke in ihren Bau zu bringen.

Mit den Fingern über den Rücken tippeln.

Der Tiger ist ganz aufgeregt und läuft zwischen den großen Steinen hin und her.

Die Hand zur Kralle formen und über den Rücken kratzen.

Du schaust auf deine Uhr und hast gar nicht gemerkt, wie schnell die Zeit vergangen ist. Müde und erschöpft ruhst du dich aus.

Mit den Fingern über den Rücken bis zu den Schultern laufen und dort kurz verweilen, bis es angenehm warm ist.

TIPP: Sie waren mit den Kindern im Zoo? Nach einem aufregenden Ausflug, begleiten Sie die Kinder mit einer Fantasiereise und einer passenden Massage wieder in die Ruhe. Die Kinder verarbeiten die vielen Eindrücke dieses Tages, fühlen die schönen Erlebnisse noch einmal nach und bringen den Tag gemütlich zu Ende – am besten immer zu zweit!

Marienkäfer Marius

Massagegeschichte

Alter: ab 3 Monaten
Dauer: 10 Minuten

Material
- Marienkäferfigur oder Kuscheltier

Das ist der kleine Marienkäfer Marius. Er hat sechs kleine Krabbelbeine. Mit denen krabbelt er nun über unseren Körper.
Die Kinder heben eine Hand hoch und wackeln mit den Fingern.

Der kleine Käfer krabbelt also los. Zuerst krabbelt er über den Arm.
Die Kinder krabbeln mit den Fingern über den Arm.

Nun krabbelt Marius über den Bauch, immer im Kreis.
Die Kinder krabbeln mit den Fingern im Kreis über den Bauch. Sie wiederholen diese Bewegung etwa fünf- bis zehnmal.

Jetzt krabbelt der kleine Marienkäfer vorsichtig am Hals entlang und über den Kopf Dabei kuschelt er sich in die Haare.
Die Kinder krabbeln mit den Fingern vorsichtig am Hals entlang und hinauf auf den Kopf. Dort krabbeln sie dann weiter hin und her.

Jetzt krabbelt Marius auf die Nasenspitze. Dort ruht er sich eine Weile aus.
Die Kinder krabbeln mit den Fingern auf die Nasenspitze und lassen sie dort einen Moment lang liegen.

Jetzt hat der kleine Käfer noch eine ganz lange Reise vor sich. Er krabbelt nun über den Bauch zu den Beinen hinunter. Da krabbelt er hin und her und tobt sich richtig aus.
Die Kinder krabbeln mit den Fingern von der Nasenspitze hinab auf den Bauch und schließlich auf die Beine und dort auf und ab.

Zum Schluss krabbelt der kleine Käfer ganz hinab auf die Zehenspitzen. Dann sucht er sich eine geeignete Stelle und fliegt davon.
Die Kinder krabbeln mit den Fingern hinunter bis zu den Zehenspitzen. Dann ziehen sie die Arme ganz nach oben. Anschließend fliegen sie wie Marienkäfer durch den Raum.

Idee: Jana Ezell

Es tanzt ne kleine Raupe

Streichelspiel

Alter: ab 6 Monaten
Dauer: 5 Minuten

Es kriecht ne kleine Raupe
über Berge, durch die Welt.

Mit der Hand als Raupe den Arm hinaufkriechen.

Es kriecht ne kleine Raupe,
bis sie schließlich einmal hält.

Am Hals haltmachen.

Ach wie schön ists, hier zu stehn,
von hier aus in die Welt zu sehn.
Ach wie schön ists, hier zu stehn,
nun muss ich wieder weitergehn.

Am Hals kitzeln.

Es rutscht ne kleine Raupe
durch die Täler, durch den Sand.

Mit der Hand von der Schulter den Arm hinabrutschen.

Es rutscht ne kleine Raupe,
bis sie hält auf deiner Hand.

Auf der Hand haltmachen.

Ach wie schön ists, hier zu stehn …

An der Hand kitzeln.

Es tanzt ne kleine Raupe
durch die Wälder, groß und klein.

Kitzelnd die Hand über den Bauch bewegen.

Es tanzt ne kleine Raupe,
bis sie hält auf deinem Bein.

Kitzelnd auf dem Bein landen und dort haltmachen.

Ach wie schön ists, hier zu stehn …

Am Bein kitzeln.

Idee: Tina Scherer

Die kleine Schnecke

Handstreichelspiel

Alter: ab 1 Jahr
Dauer: 5 Minuten

Auf einem großen Blatt lebt eine kleine Schnecke.
Mit der Hand über die Handfläche des Kindes streichen.

Sie wohnt in einem Schneckenhaus.
Mit dem Zeigefinger spiralförmige Kreise ziehen. Beginnen Sie dabei in der Handmitte.

Wenn es regnet, dann bleibt sie in ihrem Haus.
Die Finger bewegen sich schnell und ganz leicht über die Hand.

Scheint aber die Sonne,
Mit der Hand über die Handfläche des Kindes streichen.

streckt sie zuerst ihre Fühler raus und danach kommt sie ganz langsam aus ihrem Häuschen.
Mit dem Zeigefinger von der Handmitte aus Richtung Rand streichen.

Sie kriecht über das Blatt.
Mit dem Zeigefinger und dem Daumen langsam über die Hand streichen. Der Zeigefinger geht zuerst, der Daumen wird nachgezogen.

Dann bekommt sie Hunger und knabbert das Blatt an. Mal hier und mal dort.
Daumen und Zeigefinger „knabbern", indem sie einen Pinzettengriff mehrmals an verschiedenen Stellen der Hand machen.

Dann ist sie sehr müde. Sie geht zurück in ihr Häuschen und schläft ein.
Mit dem Zeigefinger spiralförmige Kreise ziehen. Beginnen Sie dabei außen und enden Sie in der Handmitte. Danach noch einmal mit der flachen Hand über die Handfläche des Kindes streichen.

Idee: Leah Schäfer

Komm, wir wollen Beeren pflücken

Massagegedicht

Alter: ab 1 Jahr
Dauer: 10 Minuten

**Komm, wir wolln spazieren gehn
und uns mal die Welt ansehn.**

Das Kind liegt auf dem Rücken. Mit zwei Fingern gehen Sie – beginnend am Fuß – das Bein entlang, über den Arm bis zur Schulter.

**Klettern wir doch mal ganz munter
auf den Berg und wieder runter.**

Jetzt mit den Fingern über den Kopf und dann auf der anderen Seite über die Schulter, den Arm und das Bein zurückwandern.

**Was steht denn hier auf diesem Bauch?
Ein riesengroßer Himbeerstrauch.**

Mit den Fingern zum Bauch laufen. Mit beiden Händen über den Bauch streichen – von der Mitte nach außen.

**Da werde ich mich gleich mal bücken
und mir eine Beere pflücken.**

Den Daumen und den Zeigefinger zum Pinzettengriff nehmen und vorsichtig die Haut berühren.

**Rot und süß – das schmeckt mir sehr.
Pflücken will ich gleich noch mehr.**

Mit dem Pinzettengriff, über den ganzen Bauch verteilt, mehrere „Beeren pflücken".

**Hier noch eine und auch dort,
plötzlich sind sie alle fort.**

Mit dem Pinzettengriff, über den ganzen Bauch verteilt, mehrere „Beeren pflücken". Anschließend mit beiden Händen über den Bauch streichen.

**Ach, da seh ich eine noch
und ich klettere mal hoch.**

Mit zwei Fingern über den Bauch bis zum Ohrläppchen nach oben wandern.

Hab sie!

Vorsichtig am Ohrläppchen wackeln.

Idee: Leah Schäfer

Zu Besuch bei Oma

Massagegeschichte

Alter: ab 2 Jahren
Dauer: 20 Minuten

Material
- Holzautos

Heute wollen wir zu Oma fahren. Wir gehen zu unserem Auto und alle steigen ein.
Das Auto in die Mitte des Rückens stellen.

Nachdem alle angeschnallt sind, geht es los. Wir fahren vom Parkplatz auf die Hauptstraße.
Das Auto fährt langsam nach oben und biegt dann ab Richtung linke Schulter.

Wir sind noch in der Stadt und können nur langsam fahren, denn es ist überall viel Verkehr.
Das Auto fährt von der linken Schulter zur rechten Schulter.

Wir kommen nun an eine Ampel. Es ist rot und wir müssen anhalten.
Das Auto bleibt kurz ruhig stehen.

Die Ampel wird grün und wir können unsere Fahrt fortsetzen.
Das Auto fährt langsam den Rücken herunter.

Aha, jetzt sind wir auf der Autobahn. Hier dürfen wir ganz schnell fahren.
Das Auto fährt schneller mehrere Achten über den gesamten Rücken.

Wir fahren von der Autobahn ab und müssen wieder langsam fahren.
Zwei Achten langsam über den gesamten Rücken fahren.

Wir müssen eine steile, enge Straße hinauf.
Das Auto fährt langsam in Zickzack-Bewegungen über den gesamten Rücken von unten nach oben.

Wir sind fast oben, als plötzlich ein Laster kommt. Es bleibt uns nichts anderes übrig, als den Berg wieder rückwärts runterzufahren.
Das Auto fährt langsam in Zickzack-Bewegungen über den gesamten Rücken von oben nach unten.

Wir müssen wieder den Berg hinauf.

Das Auto fährt langsam in Zickzack-Bewegungen über den gesamten Rücken von unten nach oben.

Oben angekommen, liegt eine gerade Strecke vor uns und wir können ganz schnell weiterfahren.

Von der rechten Schulter zur linken Schulter fahren.

Nun müssen wir nur noch ein paar Kurven fahren.

In kleinen Kurven von der linken Schulter wieder zur rechten Schulter fahren.

Und dann sind wir bei unserer Oma angekommen. Wir parken das Auto.

Das Auto bleibt mittig zwischen den Schultern stehen.

Wir steigen aus und laufen ganz schnell zur Oma.

Jetzt können die Kinder die Rollen wechseln.

Idee: Britta Bartoldus

Kitzel, katzel, Spinnchen

Streichelspiel

Alter: ab 3 Monaten
Dauer: 10 Minuten

Kitzel, katzel, Spinnchen,
lauf schnell, lauf wie ein Windchen.

Die Hand auf den Arm oder das Bein des Kindes legen und darauf pusten.

Kitzel, katzel, Spinnenbein,
du wirst die schnellste Spinne sein.

Mit der Hand über den Arm/das Bein krabbeln und dabei kitzeln.

Kitzel, katzel, halt gemacht,
weil jetzt die kleine Spinne lacht.

Mit der Hand kitzeln, das Kind darf die Hand festhalten, gemeinsam lachen.

Idee: Margot Lindner

Der kleine Streichel-schwamm

Schwammmassage

Alter: ab 1 Jahr
Dauer: 15 Minuten

Material
- Schwamm
- ggf. Planschbecken

Ich bin der kleine Streichelschwamm
und wühle nicht sehr gern im Schlamm.
Mit dem Schwamm auf den Rücken/Bauch tupfen.

Ich fülle mich mit Wasser
und mach dich immer nasser.
Im Planschbecken: Den Schwamm mit Wasser vollsaugen lassen.
Sonst: Wellenbewegungen auf dem Rücken/Bauch machen.

Arme, Beine, Bauch und Füße,
allen sag' ich liebe Grüße.
Nacheinander Arme, Beine, Bauch und Füße sanft antupfen.

Genieße mich und sag's mir leise,
dann drehe ich dort meine Kreise.
Über den Rücken/Bauch kreisen.

Mach schnell deine Augen zu
und erfreu dich an der Ruh.
Sanft mit dem Schwamm über den Körper streichen.

Idee: Britta Bartoldus

Der Frosch hat Hunger

Massagegeschichte

Alter: ab 2 Jahren
Dauer: 15 Minuten

Der kleine Frosch Froschi erwacht aus seinem Schlaf und hüpft zum Teich.
Mit vier Fingern über den Rücken hüpfen.

Auf dem Teich öffnen sich langsam die Seerosen.
Fünf Finger aneinander- und langsam wieder auseinandergehen lassen.

Die Sonne steht hoch am Himmel, scheint hell und warm herunter.
Einen großen Kreis auf den Rücken malen und die Hände aneinanderreiben bis sie warm sind; anschließend auf den Rücken legen.

Die Mücken tanzen über das Wasser.
Mit den Fingern über den Rücken tippeln.

Froschi bekommt langsam Hunger, sein Magen knurrt schon.
Grummelgeräusche machen.

Froschi schaut den Mücken beim Tanzen zu. Schwups kommt seine lange Zunge heraus und schnappt sich eine Mücke.
Mit dem Zeigefinger einen langen Strich über den Rücken zeichnen; das Ganze dreimal wiederholen.

Nachdem Froschi seinen Appetit auf Mücken gestillt hatte, hüpfte er wieder nach Hause.
Mit vier Fingern über den Rücken hüpfen.

Idee: Britta Bartoldus

Ein Tag am Meer

Fantasiereise

Alter: ab 2 Jahren
Dauer: 10 Minuten

Du bist am Strand. Lege dich gemütlich hin und schließe die Augen. Die Sonne scheint dir auf den Bauch und wärmt dich. Das fühlt sich gut an. Du hörst das Rauschen der Wellen. Gleichmäßiges Rauschen.

Da kommt ein Segelboot vorbei. Du stehst auf, läufst durch das Wasser und kletterst in das Boot. Dann kann die Reise losgehen.
Ein leichter Wind kommt auf. Die Segel werden gesetzt und das Boot fährt los. Erst langsam. Dann immer schneller. Der Fahrtwind weht dir um die Nase. Es macht viel Spaß!

Das Boot schaukelt in den Wellen. Hin und her. Hin und her. Plötzlich hält es an. Der Anker wird geworfen und alle machen eine kurze Pause. Du springst ins Wasser, um dich abzukühlen. Das Wasser ist herrlich. Dir macht es so viel Spaß, dass du gar nicht mehr zurück ins Boot möchtest.

Du schwimmst einfach weiter in Richtung Strand. Da taucht eine graue Flosse vor dir auf. Es ist ein Delfin. Der Delfin schwimmt um dich herum. Erst einmal, dann zweimal und sogar ein drittes Mal. Dann stupst er dich mit seiner Nase an. Er will mit dir spielen.

Eine Zeit lang spielt ihr noch Fangen im Wasser. Dann merkst du, wie du langsam ein wenig müde wirst. Das bemerkt auch der Delfin. Er lässt dich seine Rückenflosse anfassen und zieht dich in Richtung Strand, bis du wieder stehen kannst.

Du winkst dem Delfin noch einmal zu und legst dich auf dein Handtuch. Du schläfst gleich ein und träumst von Segelbooten und Delfinen.

Idee: Leah Schäfer

Das Glückskäferchen auf der Kita-Wiese

Fantasiereise

Alter: ab 2 Jahren
Dauer: 20 Minuten
Ort: Wiese

Material
- Picknickdecke

„Psst! He, hörst du mich? Ja, du, dich meine ich!"
Lisa hat sich gerade erst hingelegt, als sie das leise Stimmchen vernimmt. „Wer bist du?", fragt sie und sieht sich um.
„Ich bin ein Glückskäferchen, hier, auf deinem Finger."

Und tatsächlich, ganz klein und fast nicht zu erkennen, sitzt ein Marienkäfer auf Lisas Fingerspitze. Lisa freut sich und hebt ihre Hand hoch. „Willst du wegfliegen?"
„Ehm, ja. Und ich nehme dich mit. Hast du Lust?"
„Ich kann doch gar nicht fliegen!" Lisa guckt das Käferchen enttäuscht an.
„Natürlich! Im Traum kann man alles. Komm. Ich nehme dich mit." Das Käferchen breitet seine Flügel aus und hebt ab in die Luft. Es summt vor Lisas Nase herum und setzt sich dann neben ihr Ohr. Leise flüstert es. „Wir machen eine Reise mit den Wolken. Los geht's!"

Wieder hört Lisa das sanfte Summen und lauscht der Stimme des Käferchens. „Wir heben ab im Traum, ganz langsam geht es hinauf in die Luft. Höher als die großen Bäume am Waldrand, immer weiter hinauf zu den Wolken. Der warme Sommerwind hilft uns beim Aufsteigen, er treibt uns an und hält uns zugleich. Manchmal hört es sich an, als würde er singen. Psst. Hörst du, wie er leise rauscht und die Blätter bewegt? Wie er den Wolken Schwung gibt, sie zusammenschiebt und dann wieder auseinanderzerrt?

Der Sommerwind nimmt dich mit – hinauf zu der dicken weißen Wolke. Kannst du sie sehen? Wie sie sich verändert? Wie sieht sie aus? Wie ein Elefant? Oder eine Maus? Wie ein Apfel oder ein Motorrad? Schau nur, wie der Wind sie mitnimmt, vorbei an uns und weiter über die Bäume. Da kommt schon die nächste Wolke heran, noch dicker. Wie ein riesiges Bett aus Watte. Da kann man hineinfallen und

die Augen schließen. Die Wolken halten dich, sie bringen dich zum Zauberhimmel.

Schau nur genau hin. Der Zauberhimmel wartet auf dich. Mal ist er blau, mal fast rosa. Er wartet auf die Wolken, watteweiche Wolkenberge, in denen man sich verstecken kann und die immer neue Bilder zeigen. Kannst du die Tierwolke sehen? Welches Tier ist es? Siehst du, wie es sich bewegt? Ist es weg? Dann schließe deine Augen für einen Augenblick. Was hörst du? Raschelt es im Gras? Sind es die Blätter der Bäume? Singen die Vögelchen?

Nun öffne deine Augen wieder. Gibt es eine neue Wolke über dir? Magst du sie noch einmal berühren? Strecke deinen Arm aus. Die sanfte Wolkenmasse fühlt sich ganz zart an. Dann verabschiede dich von der Wolke.

Vorsichtig fliegen wir zurück zur Erde und du liegst wieder im Gras. So zart wie die Wolke sind die Grashalme neben dir. Streichle sie. Spürst du, wie sie deine Hände kitzeln? Setze dich auf, lege deine Wange auf die Spitzen der Halme. Sie berühren deine Haut. Atme tief ein. Dann riechst du den feinen Duft der Erde, auf der du sitzt, und kannst die Blümchen riechen, die hier auf die Bienen warten."

Weißt du, hier auf der Wiese ist es so schön gemütlich. Hier kann man sich ausruhen und den Tag genießen. Hier, wo die herrlichen Gräser sprießen. Hier wärmt die Sonne und der Wind weht sacht. Hier duften die Blumen und die Erde gibt acht. Und das Glückskäferchen besucht dich, es summt leise und herrlich.

Und so geht's:

Gehen Sie mit den Kindern auf eine Wiese und legen Sie die Decken aus. Jedes Kind sucht sich einen Platz und legt sich auf den Rücken mit Blick zum Himmel.

Kürzen Sie bei jüngeren Kindern die Geschichte ab, bei älteren Kindern lesen Sie alles vor. Geben Sie den Kindern genügend Zeit, Sinneserfahrungen zu sammeln, indem Sie beim Lesen viele Pausen einbauen.

Idee: Marion Bischoff

Herbst

Als die kleine Fee tanzen wollte

Massagegeschichte

Alter: ab 2 Jahren
Dauer: 10 Minuten

Material
weicher Ball, Igelball, Bürste, Watte

Es war einmal eine kleine, zarte Fee, die gern tanzen wollte.
Mit den Fingerspitzen zart den Rücken anstupsen.

Sie machte sich auf den Weg zum Feenfest.
Mit zwei Fingern über den Rücken laufen.

Doch mitten auf dem Weg lag ein riesiges Mammut, das fest schlief und dazu schnarchte.
Einen weichen Ball auf den Rücken drücken oder die Fäuste sanft aufdrücken.

Die Fee schob und schob, aber das riesige Mammut bewegte sich keinen Zentimeter.
Wieder den weichen Ball oder beide Fäuste sanft auf den Rücken drücken.

Da kam die Hexe Hokuspokus auf ihrem schnittigen Hexenbesen angefegt.
Mit der Bürste über den Rücken streichen oder mit den Fingerspitzen ganz sanft über den Rücken fahren.

„Willst du mitfliegen?", bot die Hexe an. Die kleine Fee stieg auf und gemeinsam flogen sie durch weiche, zarte Wolken.
Mit der Watte oder den Händen über den Rücken streichen.

Das war schön, doch mitten in der Luft – Pardauz! – rammte die Hexe den Raben Pickmich und alle drei landeten in einem Baum.
Den Igelball über den Rücken rollen oder mit den Händen über den Rücken streichen.

Da mussten alle lachen, denn niemand hatte sich wehgetan. Schnell stiegen sie wieder auf den Besen und flogen mit dem Raben zum Feenfest. Und dort tanzen sie alle bis spät in die Nacht.
Von oben nach unten mehrmals mit den Händen oder dem Lieblingsmaterial über den Rücken streichen.

Idee: Tina Scherer

Fünf Kastanien

Handstreichelspiel

Alter: ab 3 Monaten
Dauer: 5 Minuten

Diese Kastanie hier ist rund und braun,
sie wohnt am alten Kastanienbaum.

Den Daumen des Kindes sanft drücken.

Die zweite Kastanie nimmt sich der Wind
und wirft sie ab vom Baum geschwind.

Den Zeigefinger sanft umfassen.

Die dritte Kastanie holt sich Klaus,
das ist die kleine Haselmaus.

Den Mittelfinger sanft drücken.

Auch die vierte Kastanie nimmt die Maus
einfach mit in ihr Mäuschaus.

Den Ringfinger sanft drücken.

Der fünften Kastanie klein und zart
bleibt dieses Schicksal zum Glück erspart.
Sie hängt noch immer am Kastanienbaum
und ist dort so schön anzuschaun.

Den kleinen Finger sanft umfassen.

Idee: Aline Kurt

Spinnenbeine kitzeln nicht

Streichelvers

Alter: ab 3 Monaten
Dauer: 5 Minuten

Spinnenbeine kitzeln nicht,
sie haben nicht genug Gewicht.

Das Kind kurz am Arm kitzeln.

Spinnenbeine streicheln schön,
wenn sie schnell und langsam gehn.

Das Kind kurz am Arm streicheln.

Spinnenbeine stolpern heute,
es wundern sich große und kleine Leute.

„Schwupps!" rufen.

Idee: Tina Scherer

Die Geschichte vom Zwerg

Massagegeschichte

Material
- Sandsäckchen

Alter: ab 2 Jahren
Dauer: 10 Minuten

Ein Zwerg springt über eine Wiese. Er hüpft erst auf dem rechten Fuß und dann auf dem linken Fuß.
Mit dem Sandsäckchen sanft die Füße berühren.

Er entdeckt einen Baumstamm, der über einen Fluss führt. Er krabbelt erst vorsichtig mit dem rechten Knie auf den Baumstamm und dann mit dem linken Knie.
Mit dem Sandsäckchen zu den Knien hochhüpfen.

Auf der anderen Seite angekommen rutscht er vom Baumstamm herunter und landet auf seinem Bauch.
Das Sandsäckchen auf dem Bauch kreisen lassen.

Er geht den kleinen Waldweg weiter und entdeckt am Wegrand einen großen Apfelbaum. Die Äpfel sehen aber lecker aus!
Mit dem Sandsäckchen den Bauch bis zu den Schultern hochhüpfen.

Er greift mit der linken Hand nach einem großen, roten Apfel. Mit der rechten Hand macht er den Apfel sauber.
Das Sandsäckchen zu beiden Händen hüpfen lassen.

Dann macht er sich auf den Rückweg und erinnert sich in seinem Kopf an das kleine Abenteuer.
Mit dem Sandsäckchen vorsichtig die Stirn berühren.

Idee: Britta Bartoldus

Ein Regenspaziergang

Fantasiereise

Alter: ab 2 Jahren
Dauer: 10 Minuten

Du stehst am Fenster und schaust hinaus. Es regnet und regnet. Schon den ganzen Tag.
Du möchtest rausgehen. Deshalb ziehst du deine Matschhose und deine Regenjacke an und setzt die Kapuze auf. Zum Schluss noch die Gummistiefel und dann kann es losgehen.

Es regnet immer noch. Du schaust nach oben, aber kein Sonnenstrahl ist zu sehen. Nur graue Wolken. Und ganz viel Regen.

Du beschließt, einen Spaziergang zu machen, und läufst los. Da vorne siehst du eine riesengroße Pfütze. Du nimmst extra viel Anlauf und springst hinein. Wie das spritzt.
Das hat dir so gut gefallen, dass du es gleich noch einmal machst. Und noch mal. Und noch mal. Macht das Spaß!

Du gehst weiter. Du hörst die platschenden Geräusche, die deine Gummistiefel machen, wenn du durch die matschigen Pfützen läufst. „Quietsch, quatsch, quietsch, quatsch …"

Plötzlich kommt zwischen den Wolken, durch einen winzigen Spalt, die Sonne hervor. In der großen Pfütze vor dir erscheint der Anfang eines riesigen Regenbogens. „Da muss ich hoch!", denkst du dir und kletterst langsam, Stück für Stück, nach oben.

Auf dem Regenbogen hast du eine tolle Aussicht. Du siehst euer Haus, den Garten und den Spielplatz. Du machst dich bereit, wieder nach unten zu kommen, und setzt dich auf den Regenbogen. Du holst Schwung und rutschst ihn wie eine riesige Rutsche nach unten. Du saust über den Regenbogen und landest in einer riesengroßen Pfütze. Das war toll!

Jetzt gehst du langsam wieder nach Hause, ziehst die Gummistiefel, die Regenjacke und die Matschhose aus und gehst zu Mama in die Küche. Dort wartet schon eine Tasse mit heißem Kakao auf dich. Die wird dir schmecken und dich wärmen.

Idee: Leah Schäfer

Der Specht klopft

Streichelvers

Alter: ab 3 Monaten
Dauer: 5 Minuten

Es war einmal ein kleiner Specht,
der klopfte immer an einen Baum.
Mit dem Zeigefinger an den Bauch des Kindes klopfen.

Mal klopfte er leis,
Leise klopfen.

mal klopfte er laut,
Laut klopfen.

mal klopfte er schnell,
Schnell klopfen.

mal klopfte er langsam
Langsam klopfen.

und manchmal machte er die Augen zu,
dann war Ruh.
Aufhören zu klopfen.

Idee: Michaela Lambrecht, Tina Scherer

Das Eichhörnchen sucht ein Versteck

Streichelspiel

Alter: ab 1 Jahr
Dauer: 5 Minuten

Es ist Herbst. Der Wind hat die Blätter von den Bäumen geweht.

Mit der flachen Hand über den Rücken des Kindes streichen.

Ein Eichhörnchen hüpft über die Wiese.

Mit den Fingerspitzen gleichmäßig über den ganzen Rücken krabbeln.

Es sucht ein Versteck für seine Wintervorräte. Es sucht mal hier und es sucht mal dort. Aber es kann sich einfach nicht entscheiden. Es gibt so viele gute Verstecke.

Die Fingerspitzen mehrmals an verschiedenen Stellen des Rückens und des Nackens absetzen.

Dann hat das Eichhörnchen eine Idee. „Ich verstecke meine Vorräte einfach an mehreren Stellen." Und so machte es sich an die Arbeit und versteckte überall ein paar Nüsse.

Mit den Fingerspitzen an mehreren Stellen des Rückens leicht kitzeln, auch im Nacken und hinter den Ohren.

Nachdem es das erledigt hat, klettert das Eichhörnchen auf einen Baum, kuschelt sich ganz weit oben in sein Nest und schläft gleich darauf ein.

Mit den Fingerspitzen den Rücken hinaufkrabbeln und die Hand in der Nähe des Ohrs, zwischen Schulter und Nacken, ablegen.

Idee: Leah Schäfer

Kleine Fliege Sumselbrumm

Streichelvers

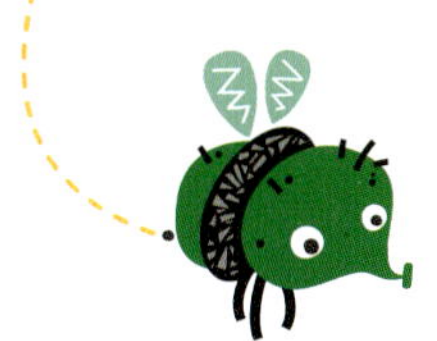

Alter: ab 3 Monaten
Dauer: 5 Minuten

Kleine Fliege Sumselbrumm,
summt über unserm Tisch herum.
Mit einer Hand über dem Kind fliegen.

Sie summt im Kreis,
sie summt ganz leis.
Die Hand zuerst im Kreis in der Luft bewegen,
den zweiten Vers nur flüstern.

Sie summt auf deinem Arm herum,
die kleine Fliege Sumselbrumm.
Kind kurz am Arm berühren.

Sie summt auf deinem Bein herum,
die kleine Fliege Sumselbrumm.
Kind kurz am Bein berühren.

Und plötzlich, ach du lieber Schreck,
da fliegt die Fliege einfach weg.
Mit den Fingern schnippen.

Idee: Tina Scherer

Lachende Sonne, wirbelnder Wind

Eincremegeschichte

Alter: ab 3 Monaten
Dauer: 10 Minuten

Material
- Creme

Es ist ein schöner Herbsttag. Die Sonne kitzelt die kleine Maus wach.
Das Kind am Bauch kitzeln.

Fröhlich betrachtet die kleine Maus die große Sonne am Himmel.
Eine kleine Cremesonne bestehend aus einem Kreis und vier Strahlen auf den Bauch malen.

„Oh, ist die Sonne schön warm", denkt die kleine Maus und lässt sich den Pelz wärmen.
Die Cremesonne sanft verreiben. Dabei auch das Gesicht und den Hals mit eincremen.

Mit geschlossenen Augen sitzt die kleine Maus noch immer in der Wiese, als plötzlich plisch, platsch, viele kleine Tropfen auf sie rieseln.
Viele kleine Punkte auf die Arme tupfen.

„Ui, das ist aber frisch", denkt die kleine Maus und schüttelt sich.
Die Cremetupfen sanft verreiben. Dabei auch die Hände mit eincremen.

Doch der Regen wird immer stärker.
Größere Cremetupfen auf die Beine malen.

Nun kommt sogar noch Wind hinzu. Er wirbelt den ganzen Regen auf.
Die Creme auf Beinen und Füßen mit kreisenden Bewegungen einmassieren.

Nun reicht es der kleinen Maus. Sie sucht sich ein kuscheliges Plätzchen unter einem Blätterhaufen und macht es sich dort gemütlich.
Den gesamten Körper sanft abstreichen.

Idee: Aline Kurt

Eine Laterne reist durch den Ort

Fantasiereise

Alter: ab 2 Jahren
Dauer: 10 Minuten

Draußen ist es schon längst dunkel geworden. Du hast deine dicke Jacke und deine Handschuhe angezogen und eine Mütze aufgesetzt. Gemeinsam mit vielen anderen Kindern stehst du auf einem großen Platz.

Viele bunte Lichter umgeben euch. Unzählige Laternen sind hier zu sehen. Schau dich einmal in aller Ruhe um. Wow, hier gibt es so viele verschiedene Laternen.

Auch du hast eine Laterne in der Hand. Ist sie nicht wunderschön?
Stolz betrachtest du diese einzigartige Laterne. Es gibt sie auf der Welt nur ein Mal – genau wie dich.

Hinter dir hörst du Männer und Frauen auf Instrumenten spielen. Du kennst das Lied und singst lauthals mit. Klingt das nicht toll?

Zusammen mit all den Menschen und deiner Laterne gehst du durch den Ort. Schau dich hier in aller Ruhe um. Du kennst diesen Ort. Doch deine Laterne sieht alles zum ersten Mal. Vielleicht magst du ihr ja erzählen, was es alles zu sehen gibt?

Nach einer Weile kommt ihr auf einem anderen Platz an. Hier brennt ein großes Feuer. Oh, das tut gut. Gemeinsam wärmst du dich mit deiner Laterne ein bisschen auf.
Wenn du so weit bist und es sich für dich richtig anfühlt, öffnest du deine Augen und bist dann wieder im Hier und Jetzt.

Idee: Aline Kurt

Lass uns kuscheln

Kuschellied

Alter: ab 3 Monaten
Dauer: 5 Minuten

Lass uns kuscheln.
Lass uns kuscheln.

Du mit mir,
ich mit dir.

So kuschle ich am liebsten.
So kuschle ich am liebsten.

Ich mit dir,
du mit mir.

(Melodie: Bruder Jakob)

Idee: Michaela Lambrecht

Pizza backen

Streichelgeschichte

Alter: ab 1 Jahr
Dauer: 10 Minuten

Heute wollen wir eine Pizza backen. Dazu müssen wir erst einmal die Arbeitsplatte sauberwischen.
Mit der flachen Hand über den Rücken des Kindes streichen.

Jetzt kommt der Teig. Den legen wir uns auf unsere saubere Arbeitsplatte.
Beide Hände pressen leicht auf den Rücken des Kindes.

Danach müssen wir ihn noch einmal gut durchkneten.
Mit den Fingern den Rücken vorsichtig kneten.

Anschließend wird der Teig ausgerollt.
Mit beiden Händen von der Mitte des Rückens aus in alle Richtungen streichen.

Jetzt machen wir Tomatensauce darauf und verstreichen sie.
Einmal mit der flachen Hand auf die Mitte des Rückens drücken. Dann mit der flachen Hand über den ganzen Rücken streichen.

Und noch Gewürze dazugeben.
Mit den Fingerspitzen leicht über den Rücken krabbeln.

Danach belegen: Etwas Schinken. Und Salami. Noch ein paar Champignons.
Für jede Zutat leicht verschiedene Stellen des Rückens mit den Fingern der flachen Hand berühren.

Zum Schluss noch Käse darüberstreuen. Und dann ab in den Ofen.
Mit den Fingerspitzen leicht über den Rücken krabbeln.

Idee: Leah Schäfer

Bunte Blätter fallen

Streichelspiel

Alter: ab 1 Jahr
Dauer: 10 Minuten

Dort hinten steht ein großer Baum.
Mit den Fingern einen Baum auf den Rücken malen.

Er trägt ganz viele bunte Blätter.
Mit den Handflächen mehrmals hintereinander sachte den Rücken abklopfen.

Der Baum hat rote Blätter, gelbe Blätter, orangefarbene und braune Blätter. Es gibt große und kleine Blätter.
Viele unterschiedlich große Kreise auf den Rücken zeichnen.

Sie funkeln in allen Farben in der goldenen Herbstsonne. „Hach, ist das schön", denken die Blätter.
Das Kind sanft von hinten umarmen.

Plötzlich kommt Wind auf.
Sanft in den Nacken pusten.

Die Blätter wirbeln am Baum hin und her.
Das Kind sanft hin- und herdrehen.

Der Wind wird immer stärker
Etwas stärker in den Nacken pusten.

und bringt die Blätter zum Fallen.
Das Kind sanft zu sich ziehen.

Idee: Aline Kurt

Fünf Äpfel

Fußstreichelspiel

Alter: ab 3 Monaten
Dauer: 10 Minuten

Fünf Äpfel hängen am Apfelbaum.
Wow, sind die schön anzuschauen.

*Alle fünf Zehen sanft berühren.
Anschließend das Kind anlachen.*

Plötzlich kommt der Wind,
man glaubt es kaum,
und fegt den ersten Apfel vom Baum.

Den großen Zeh anpusten.

Vier Äpfel hängen am Apfelbaum.
Wow, sind die schön anzuschauen.

*Vier Zehen sanft berühren.
Anschließend das Kind anlachen.*

Plötzlich kommt der Wind,
man glaubt es kaum,
und fegt den zweiten Apfel vom Baum.

Den zweiten Zeh anpusten.

Drei Äpfel hängen am Apfelbaum.
Wow, sind die schön anzuschauen.

*Drei Zehen sanft berühren.
Anschließend das Kind anlachen.*

Plötzlich kommt der Wind,
man glaubt es kaum,
und fegt den dritten Apfel vom Baum.

Den dritten Zeh anpusten.

Zwei Äpfel hängen am Apfelbaum.
Wow, sind die schön anzuschauen.

*Zwei Zehen sanft berühren.
Anschließend das Kind anlachen.*

Plötzlich kommt der Wind,
man glaubt es kaum,
und fegt den vierten Apfel vom Baum.

Den vorletzten Zeh anpusten.

Nun hängt nur noch ein Apfel am Apfelbaum.
Er hat bestimmt nen tollen Traum.

Den kleinen Zeh küssen.

Idee: Aline Kurt

Tanz der Gespenster

Anziehspiel

Alter: ab 3 Monaten
Dauer: 10 Minuten

Material
- Betttuch
- Kleidung der Kinder

Es war einmal ein kleines Gespenst. Das hieß Gustav.

Kurz dem Kind das Betttuch über den Körper ziehen.

Jeden Morgen zog Gustav sein Gespenstergewand an. Zuerst brauchte er eine linke Socke.

Dem Kind die linke Socke anziehen.

Dann zog Gustav die rechte Socke an.

Dem Kind die rechte Socke anziehen.

Unter dem Gewand mochte Gustav besonders gerne kuschelige Unterwäsche.

Einen Body oder Ähnliches anziehen.

Das war gemütlich!

Kind sanft über den Körper streichen.

Um nicht zu frieren, brauchte das kleine Gespenst aber noch andere Kleidung. Am liebsten zog es ... an.

Nun dem Kind den Strampelanzug, Hose und Pulli oder andere Kleidung anziehen. Dabei den Satz mit der entsprechenden Kleidung ergänzen.

Zum Schluss durfte natürlich der Umhang nicht fehlen.

Kurz dem Kind das Betttuch über den Körper ziehen.

Nun war Gustav ein richtiges Gespenst.

Das Gesicht hinter den Händen verstecken, hervorschauen und freundlich „Buh" machen.

Idee: Aline Kurt

Der fliegende Drachen

Fantasiereise

Alter: ab 2 Jahren
Dauer: 15 Minuten

Schließe deine Augen. Mache es dir gemütlich. Ich nehme dich nun mit auf eine Reise. Du stehst auf einer großen Wiese.
Spürst du das Gras unter deinen Füßen?
Es kitzelt dich sanft.

In deinen Händen hältst du eine Schnur.
Wie fühlt sie sich an?
Schau einmal nach oben in den Himmel.
Siehst du, wie weit die Schnur nach oben reicht?

Huch, was ist denn das? An der Schnur hängt etwas dran. Oh, das ist ja toll. Am Ende der Schnur fliegt ein wunderschöner Drachen.
Er segelt sanft durch die Luft. Der Herbstwind trägt deinen bunten Drachen.

Nun hast du Lust, deinen Drachen immer schneller und höher fliegen zu lassen. Du läufst über die grüne Wiese. Dein Drachen begleitet dich hoch oben in der Luft. Gemeinsam lauft und fliegt ihr um die Wette. Das macht Spaß.

Du lachst und spürst in deinem Körper eine tiefe Freude, die dich unglaublich glücklich macht. Lass dich noch ein Weilchen von der warmen Herbstsonne durchfluten und genieße dich und deinen Drachen.

Wenn du so weit bist, kannst du deine Augen öffnen. Schön, dass du wieder im Hier und Jetzt bist.

Idee: Aline Kurt

Winter

Schneeflöckchen, Schneeflöckchen

Streichelgedicht

Alter: ab 1 Jahr
Dauer: 10 Minuten

Material
- Feder oder Watte-bällchen

Schneeflöckchen, Schneeflöckchen,
komm doch zu mir,
auf meine Hand,
ich freu mich mit dir.

Zeigen Sie dem Kind die Feder/Watte und streicheln Sie damit seine Hand.

Schneeflöckchen, Schneeflöckchen,
komm doch zu mir,
auf meinen Bauch,
ich lache mit dir.

Lassen Sie das Schneeflöckchen auf dem Bauch des Kindes landen.

Schneeflöckchen, Schneeflöckchen,
komm doch zu mir,
auf meinen Fuß
und kitzel mich hier.

Kitzeln Sie das Kind mit dem Schneeflöckchen am Fuß.

Schneeflöckchen, Schneeflöckchen,
komm doch zu mir,
auf meinen Kopf
und streichel mich hier.

Streicheln Sie das Kind mit dem Schneeflöckchen am Kopf.

Schneeflöckchen, Schneeflöckchen,
komm doch zu mir,
ich halte dich fest,
bleib immer bei mir.

Das Kind hält das Schneeflöckchen fest.

Idee: Tina Scherer

Der Winter ist ...

Mini-Meditation

Alter: ab 2 Jahren
Dauer: 15 Minuten

Der Winter kommt mit eisigen Winden,
rüttelt an Eichen, Buchen und Linden.

Den Körper im Stehen oder im Sitzen hin- und herbewegen wie Bäume, die im Wind schwanken.

Der Winter bringt uns Schnee und Eis,
Schneeflocken segeln leis.

Flüstern und dabei mit den Händen von oben nach unten das Schweben der Flocken nachstellen.

Der Winter bringt Schlaf für Groß und Klein,
die Tiere halten den Winterschlaf ein.

Psst machen, den Zeigefinger an die Lippen legen.

Der Winter lädt dich zum Kuscheln ein,
zum Wohlfühlen und Geborgensein.

Sich gemütlich hinlegen.

Im Winter ist es still und klar,
der Winter, der ist wunderbar.

Ganz leise flüstern und eine Weile entspannt liegen.

Und so geht's:
Mit den Krippenkindern führen Sie natürlich keine komplette Meditationseinheit durch, aber eine kleine Ruhereise in den Winter ist machbar. In einem ruhigen Raum mit Decken und Matratzen und eventuell ruhiger Musik hilft das Gedicht mit den Bewegungen den Kindern, in die Ruhe.

Idee: Tina Scherer

Wir bauen einen Schneemann

Massagegeschichte

Alter: ab 1 Jahr
Dauer: 10 Minuten

Weiße Flocken fallen vom Himmel
Mit den Fingerspitzen auf dem Körper des Kindes trippeln.

und decken die Erde zu.
Mit der flachen Hand über den Körper streichen.

Es bilden sich Schneehügel im Garten.
Mit der Faust an mehreren Stellen des Rumpfes sanft drücken.

Die Kinder gehen in den Garten.
Mit Zeige- und Mittelfinger Gehbewegungen imitieren.

Sie rollen eine große Kugel
Mit beiden Fäusten über den Rumpf streichen.

und stellen sie neben den Gartenzaun.
Die Faust für einige Sekunden an einer Stelle ruhen lassen.

Nun kommt die zweite Kugel an die Reihe.
Mit beiden Fäusten über den Rumpf streichen.

Kaum haben die Kinder sie gerollt, legen sie sie auf die dicke Kugel.
Eine Faust für einige Sekunden an der Stelle der großen Kugel ruhen lassen.

Zum Schluss gibt es noch einen Kopf. Wieder rollen die Kinder eine Kugel,
Mit beiden Fäusten über den Rumpf streichen.

die sie vorsichtig auf die beiden anderen setzen.
Eine Faust für einige Sekunden an der Stelle der großen Kugel ruhen lassen.

Mit einer langen Karottennase
Mit einem Finger einen „Strich" auf den Rumpf des Kindes malen.

und Kohleaugen
Mit dem Daumen zweimal drücken.

bekommt der Schneemann sein Gesicht. An seinem Schneemantel braucht er noch Knöpfe.
Mehrmals mit dem Daumen drücken.

Aus kleinen Steinen gestalten wir ihm einen Lachmund.
Mit dem Zeigefinger eine Mundform tippeln.

Als wir wieder im Haus sind,
Ein Haus auf den Rumpf zeichnen.

können wir den Schneemann vom Fenster aus sehen. Wir winken ihm zu und freuen uns schon, ihn morgen wieder zu begrüßen.
Mit der flachen Hand auf dem Rumpf Winkbewegungen machen.

Dabei beobachten wir, wie immer noch weiße Flocken vom Himmel fallen
Mit den Fingerspitzen auf dem Körper des Kindes trippeln.

und die Erde zudecken.
Mit der flachen Hand über den Körper streichen.

Schöne, schöne Winterzeit!

Idee: Marion Bischoff

Es war einmal ein kleiner Wicht

Streichelspiel

Alter: ab 3 Monaten
Dauer: 3 Minuten

Es war einmal ein kleiner Wicht,
der dachte: Nein, ich lache nicht.
Mit zwei Fingern als Wicht über den Arm oder das Bein des Kindes laufen.

Kitzeln macht ihm gar nichts aus,
da ging er lieber gleich nach Haus.
Das Kind sanft kitzeln.

Stupsen, nein, das mochte er nicht,
auch piksen nicht, der kleine Wicht.
Zuerst mit dem Zeigefinger auf den Arm oder das Bein tippen, dann mit dem Fingernagel sanft piksen.

Da streichelte ihn ein liebes Kind,
da lachte er doch, ganz geschwind.
Hurra!
Kurz streicheln.

Idee: Tina Scherer

Wir wollen uns umarmen

Kuschelvers

Alter: ab 3 Monaten
Dauer: 5 Minuten

Ich umarme dich.
Das Kind umarmen.

Und du umarmst mich.
Jetzt darf das Kind Sie umarmen.

Ich drück dich ganz doll,
Drücken Sie das Kind.

ich find dich einfach wundervoll!
Hände nach oben in die Luft strecken.

Idee: Michaela Lambrecht

Kann das schon der Niklaus sein?

Streichelvers

Alter: ab 1 Jahr
Dauer: 10 Minuten

Klopf, klopf, klopf, wer mag das sein?
Kann das schon der Niklaus sein?
Mit dem Finger an der Schulter des Kinds klopfen.

Nikolaus, komm gern herein,
wir grüßen dich, tritt gerne ein.
Das Kind bei den Händen nehmen.

Schüttel deinen Mantel aus,
tritt die Schuhe gründlich aus.
Vorsichtig am Oberteil und an den Füßen rütteln.

Wärm dich auf, trink einen Tee,
geh nicht zurück in Kält' und Schnee.
Das Kind an den Armen warmrubbeln.

Nimm vom Kopf auch deine Mütze,
Schnee bildet schon eine Pfütze.
Über den Kopf streicheln.

Setz dich hin, bequem und weich,
Geschenke gibt es sicher gleich. Juhu!
Das Kind in den Arm nehmen.

Idee: Tina Scherer

Plätzchenmassage

Massagegeschichte

Material
- Plätzchen-ausstecher

Alter: ab 3 Jahren
Dauer: 10 Minuten

Zuerst müssen wir den Tisch einmal sauber machen.
Mit beiden Händen den Rücken von oben nach unten ausstreichen.

Jetzt müssen wir den Teig herstellen. Dafür brauchen wir Mehl,
Mit den Fingerspitzen in verschiedene Richtungen auf dem Rücken streichen.

Zucker,
Mit den Zeigefingern auf dem Rücken tippen.

Eier,
Eine Faust auf den Rücken legen und die Finger langsam öffnen.

und zum Schluss Butter.
Mit einer Hand leichte Streichbewegungen auf dem ganzen Rücken machen.

Nun werden alle Zutaten gut verknetet.
Den Rücken gut durchkneten.

Jetzt wird der Teig ausgerollt.
Mit den Fäusten vorsichtig über den Rücken fahren.

Und jetzt können wir endlich Plätzchen ausstechen.
Mit den Plätzchenausstechern vorsichtig auf den Rücken drücken.

Im Ofen werden die Plätzchen gebacken.
Beide Hände aneinanderreiben und für 10 Sekunden auf den Rücken legen.

Zum Schluss werden alle Plätzchen aufgegessen.
Den Rücken des Partners durchkitzeln.

Idee: Britta Bartoldus

Die Orangenmeditation

Mini-Meditation

Alter: ab 3 Jahren
Dauer: 15 Minuten

Material

- Klangschale
- Duftlampe mit Orangenaroma
- Orangen
- Musik

Und so geht's:
Stellen Sie leise die Musik an und zünden Sie die Duftlampe an. Alle Kinder legen sich entspannt auf ihre Matten. Bis alle Kinder ruhig liegen, lassen Sie die Entspannungsmusik laufen. Läuten Sie zum Beginn und zum Ende der Geschichte die Klangschale. Essen Sie jetzt gemeinsam mit den Kindern ein oder zwei Orangen. Die Kinder können versuchen, sich auf den Duft zu konzentrieren und ganz bewusst das Aroma zu schmecken.

Stellt euch eine Orange vor: eine schöne, große und runde Orange. Sie leuchtet ganz kräftig. Ihre Haut fühlt sich glatt an. Langsam befühlt ihr die Orange. An einer Stelle hat die Orange eine kleine Druckstelle. Fühlt ihr das?

Ein kräftiger Duft strömt aus der Orange. Hm, das riecht lecker! Ihr könnt es kaum erwarten, die Orange zu essen. Vorsichtig beginnt ihr, die Orange zu schälen. Das geht sehr, sehr langsam. Auch die weiße Haut zupft ihr gründlich ab. Jetzt fangt ihr an, die Orange zu zerteilen. Der Duft wird immer stärker. Einige Tropfen der Orange kleben schon an euren Fingern. Ihr freut euch, die leckere Orange zu essen.

Idee: Michaela Lambrecht

Rentier Renate

Streichelvers

Alter: ab 2 Jahren
Dauer: 5 Minuten

Wer läuft denn da auf allen vieren?
Es ist Renate, das Rentier.
Sie geht gemütlich spazieren.

Das Kind liegt auf dem Wickeltisch. Mit den Fingern ganz leicht und langsam von der Hand des rechten Arms ausgehend Richtung Schulter wandern.

Sie wandert den Berg
mal rauf und mal runter,
und singt und summt und pfeift
dabei munter.

Mit den Fingern langsam die Schulter bis zum Ohr hinauf- und hinunterwandern.

Renate bleibt stehn und schaut auf die Uhr,
„So spät ist es schon?
Was mach ich jetzt nur?"

Anhalten.

Renate, das Rentier rennt so schnell sie kann,
sie ist auf dem Weg zum Weihnachtsmann.

Mit den Fingern zügig den Arm entlang über die Schultern den anderen Arm bis zur Hand hinunterwandern.

Sie rennt weit nach vorne, doch dann oh Graus,
fragt sie sich: „Wo war nur sein Haus?"

Mit den Fingern den Arm wieder zügig bis zur Schulter hinauf-, danach bis zur Bauchmitte hinunterwandern.

Renate springt nach rechts
und dann nach links,
sie schaut in die Ferne –
ja, dahinten, da blinkts.

Mit den Fingern mehrmals abwechselnd nach links und nach rechts springen.

Renate kommt gleich beim Weihnachtsmann an,
der bindet sie schnell an den Schlitten an.

Mit den Fingern auf den Kopf wandern und sie sachte hin- und herbewegen.

Sie nehmen Anlauf und heben ab,
auf zu den Kindern – Mensch, das war knapp!

Mit den Fingern auf den Kopf tippen, danach mit der flachen Hand vorsichtig über den Kopf streichen und in die Luft fliegen.

Idee: Leah Schäfer

Unterwegs mit Sternchen

Entspannungsgeschichte

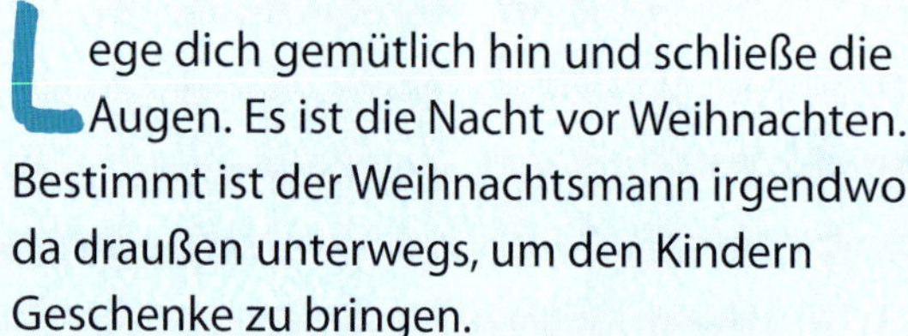

Lege dich gemütlich hin und schließe die Augen. Es ist die Nacht vor Weihnachten. Bestimmt ist der Weihnachtsmann irgendwo da draußen unterwegs, um den Kindern Geschenke zu bringen.

Stell dir vor, du liegst in deinem Bett und schläfst. Da kommt ein kleiner Stern vorbei und kitzelt dich ganz vorsichtig an deiner Nase. „Hallo, mein Name ist Sternchen. Ich brauche deine Hilfe. Der Weihnachtsmann hat ein Päckchen verloren, das mag ich gern zu dem Kind bringen, dem es gehört. Das schaffe ich aber nicht alleine. Kannst du mir vielleicht helfen?"
„Na klar", sagst du und kletterst auf den kleinen Stern. Du machst es dir dort gemütlich. An seinen Zacken kannst du dich gut festhalten.

Und schon geht die Reise los. Ihr fliegt hinaus. Über den Garten und über die Straße, in der du tagsüber immer spielst.
Ganz langsam fliegt der Stern immer weiter nach oben. Unter dir kannst du den Spielplatz sehen. Ganz winzig sehen die Rutsche und die Schaukel jetzt aus.
Und da unten – was ist denn das für ein Gebäude? Genau, das ist ja der Kindergarten. Du freust dich, nach den Ferien wieder hinzugehen und mit den anderen Kindern zu spielen.

Ihr fliegt immer höher, bis ihr bei den anderen Sternen angekommen seid. Millionen Sterne sind hier versammelt. Wie sie funkeln und glänzen. So etwas Schönes hast du zuvor noch nie gesehen.
Ein großer Stern überreicht dir ein Päckchen und sagt: „Pass gut drauf auf. Es gehört der kleinen Mia."

Idee: Leah Schäfer

Sternchen und du fliegen weiter. Unter euch ziehen Wiesen vorbei und Flüsse und Wälder. Du kannst sie fast nicht sehen, weil es noch dunkel ist. Nur wenn du ganz genau hinschaust, erkennst du das kleine Eichhörnchen in dem großen Baum, das dir winkt.

Du winkst zurück und schon im nächsten Moment siehst du Lichter unter dir. „Hier ist Mias Haus", sagt Sternchen und fliegt durch das halb geöffnete Fenster in das Wohnzimmer. Ganz ruhig ist es im Haus. Alle schlafen noch. Du legst das Päckchen zu den anderen Geschenken unter den Weihnachtsbaum und schon geht es wieder weiter.

Langsam wirst du müde. Du gähnst. Sternchen und du fliegen wieder über die Wälder, die Flüsse und die Wiesen. Ihr seht den Kindergarten, den Spielplatz und den Garten. Und dann seid ihr wieder in deinem Zimmer. Du kletterst von Sternchen herunter und legst dich in dein Bett. „Vielen Dank für deine Hilfe", sagt der kleine Stern leise. Du umarmst ihn ganz fest. Dann fliegt er wieder los. Bis bald, Sternchen.

Die Schneeballschlacht

Handmassage

Alter: ab 1 Jahr
Dauer: 5 Minuten

Schneeflocken fallen vom Himmel herab. Erst ganz wenige und dann immer mehr.
Mit den Fingern ganz leicht und langsam auf die Handfläche tippen. Danach die Geschwindigkeit erhöhen.

Hurra, es schneit! Bald ist alles mit Schnee bedeckt.
Mit der eigenen Handfläche über die Handfläche des Kindes reiben.

Komm, lass uns eine Schneeballschlacht machen. Zuerst nehmen wir den Schnee und schieben ihn auf einen Haufen.
Die Finger auf die Handfläche legen und langsam mehrmals in die Mitte ziehen.

Dann rollen wir eine Kugel.
Beide Handflächen aneinander reiben.

Und dann werfen wir sie.
Den Schneeball werfen.

Idee: Leah Schäfer

Heut sind wir verkleidet!

Streichelgeschichte

Alter: ab 2 Jahren
Dauer: 5 Minuten

Was ist denn da in der Kita los? Hier sehen ja alle so anders aus.
Heute ist Fasching und die Kinder haben sich verkleidet. Mal sehen, wer alles da ist.
Mit der flachen Hand über den Rücken des Kindes streichen.

Ich sehe eine Fee. Sie schwingt ihren Zauberstab.
Mit zwei Fingern über den Rücken laufen. Danach mit dem Zeigefinger vorsichtig kreisen.

Und da kommt ein Elefant. Er stampft so fest, da wackelt der Boden.
Die Fäuste leicht auf den Rücken drücken.

Die Prinzessin geht ganz langsam, damit ihre Krone nicht vom Kopf fällt.
Mit zwei Fingern langsam über den Rücken laufen. Etwas fester drücken als bei der Fee.

Da ist ja auch ein Superheld. Er fliegt mit seinem Umhang durch die Kita.
Mit den Fingerspitzen leicht über den Rücken streichen.

Der Löwe und der Tiger spielen zusammen Fangen.
Mit den Fingern beider Hände schnell über den Rücken krabbeln.

Und da ist ein Cowboy. Er reitet schnell und schwingt dabei sein Lasso.
Mit zwei Fingern rhythmisch über den Rücken laufen. Danach mit dem Zeigefinger große Kreise machen.

Der Frosch hüpft ganz gemütlich und sucht die Prinzessin.
Die Fingerspitzen immer wieder auf dem Rücken absetzen.

Er hat sie gefunden und die anderen auch. Dann kann die Party losgehen!
Mit den Fingern beider Hände schnell über den Rücken laufen.

Idee: Leah Schäfer

Wenn die kleinen Vögel kommen

Kuschelgedicht

Alter: ab 1 Jahr
Dauer: 10 Minuten

Im Winter, wenn es stürmt und schneit,
Sich gegenseitig umarmen.

dann ist es endlich bald so weit.
Daumen nach oben.

Die vielen kleinen Vögelein,
Flugbewegungen imitieren.

kommen in unsern Garten rein.
Lockbewegungen machen, aufeinander zugehen.

Im Vogelhäuschen kehrn sie ein,
Ein Dach über dem Kopf darstellen.

es soll ein Vogelwirtshaus sein.
Ein Kind „pickt" dem anderen aus der Hand.

Die Körner schmecken allen lecker,
Gegenseitig den Bauch reiben.

da braucht es keinen Zuckerbäcker.
Kopf schütteln, abwinken.

Zum Dank singen sie uns ein Lied,
Mundbewegungen machen, ohne Ton.

und eh die Amsel weiterfliegt,
Flugbewegungen imitieren.

schickt sie dir einen lieben Gruß,
Winken.

zum Fenster rein, grad wie nen Kuss.
Handkuss schicken.

Tipp: Gerade in den Gruppen mit vielen Kleinen sind Berührungen besonders wichtig. Nutzen Sie dieses Spiel nicht nur für die Gesamtgruppe, sondern auch für zwei Kinder, die sich mögen und mit denen Sie das Spiel ins Alltagsgeschehen einflechten können.

Idee: Marion Bischoff

Der Bär geht schlafen

Entspannungsgeschichte

Alter: ab 1 Jahr
Dauer: 10 Minuten

Kennst du schon den kleinen Bären? Den Bären, der so gern durch die Gegend streift? Den Bären mit der blauen Mütze, die er sogar zum Schlafengehen nicht ablegt? Nein? Dann hör mal genau zu:

Es war einmal ein kleiner Bär. Der lebte mit seiner Mama und seinem Papa in einer Höhle auf dem Bärenberg. Ringsum standen große Bäume und der Bär wünschte sich, einmal auf den Gipfel des Berges zu klettern, um über die Bäume hinwegsehen zu können. Doch der Weg hinauf war weit und steil.

Papa Bär erklärte seinem Sohn: „Du musst noch warten, bis du größer bist." Wenn Papa Bär das sagte, nickte Mama Bär immer. „Aber wenn du magst, erzähle ich dir, wie es dort oben ist und was man alles erleben kann." Papa Bär legte seine Pfote auf den Rücken seines Sohnes und streichelte ihn.

Dann kuschelte sich der kleine Bär an seinen Papa und sah ihn mit großen Augen an. Papa Bär berichtete davon, wie er sich auf den Weg machte. „Ich musste über Felsen klettern und dicke Wurzeln überwinden. Stunden um Stunden wanderte ich bergauf und dann, auf einmal, hatte ich den Gipfel erreicht. Ein goldglänzender Stein steht ganz oben. Wenn man sich dort hinsetzt, kann man über alle Gipfel hinwegschauen bis zum Meer. Du siehst die Vögel am Himmel fliegen und hörst den Wasserfall rauschen. Der Wind weht dir durchs Fell und an schönen Tagen kitzelt dich die Sonne an der Nase. Fast glaubst du, du könntest die Wolken berühren, so hoch oben sitzt du auf dem Bärenberg. Manchmal kommen andere Bären vorbei und setzen sich zu dir. Dann könnt ihr miteinander reden, und euch richtig wohlfühlen. Ab und zu bleiben die jungen Bären sogar oben auf dem Berg und übernachten dort. Einmal im Leben sollte jeder Bär auf dem Gipfel des Bärenberges übernachtet haben. Wenn du dich an dem goldenen Felsen einkuschelst, wirst du nicht frieren. Der Stein wärmt dich. Am nächsten Morgen wecken dich die frechen Krähen mit ihrem Geschrei. Dann wird es Zeit aufzustehen und wieder ins Tal zu wandern, denn in der Höhle warten bestimmt schon Mama und Papa auf dich."

Papa Bär lächelte. Denn jetzt war der kleine Bär eingeschlafen und Papa Bär wusste genau, dass sein Sohn wieder vom goldenen Gipfel des Bärenberges träumte.

Idee: Marion Bischoff

Wir zünden eine Kerze an

Alter: ab 1 Jahr
Dauer: 10 Minuten

Streichelgedicht

Material
- Windlicht
- Musik

1 Wenn es draußen Winter wird
und der Schnee vom Himmel flirrt,
frieren Menschen und auch Tier.
Darum haben wir nun hier,
ein kleines Kerzchen
für unsre Herzchen.

2 Leise flackert nun ihr Licht,
grad, als ob es zu uns spricht.
Lass dich in die Arme schließen,
dich von Herzen fein begrüßen.

3 Meine Hand, die wandert sacht
deinen Rücken auf und ab.
Leise, leise sind wir nun,
wollen einfach noch mal ruhn
und des Kerzchens Flammenschein
soll unser Licht für heute sein.

Und so geht's:
Während Sie das Gedicht aufsagen, liegen die Kinder auf dem Bauch im Kreis um eine Kerze herum – mit dem Gesicht zum Licht.
Streicheln Sie den Kindern sacht über den Rücken, während Sie das Gedicht aufsagen. Schön ist es, wenn Sie den Raum ein wenig verdunkeln und leise Meditationsmusik im Hintergrund laufen lassen.

Idee: Marion Bischoff

Schlaf, Hörnchen, schlaf

Schlaflied

Alter: ab 1 Jahr
Dauer: 10 Minuten

Material
- ggf. Eichhörnchen-handpuppe

Schlaf, Hörnchen, schlaf.
Ich singe für dich ganz brav.
Die Vögel gehen auch zur Ruh,
nun mach du deine Äuglein zu.
Schlaf, Hörnchen, schlaf.

Schlaf, Hörnchen, schlaf.
Es war ein schöner Tag.
Die Sonne hat herabgelacht,
und alle Erde froh gemacht.
Schlaf, Hörnchen, schlaf.

Schlaf, Hörnchen, schlaf.
So wirst du groß und stark.
Ruh dich nun aus und werde still,
dein Herzchen jetzt auch ruhen will.
Schlaf, Hörnchen, schlaf.

Schlaf, Hörnchen, schlaf.
Im Traum triffst du ein Schaf.
Und nach dem Schlafen, du wirst sehn,
kannst du dann wieder spielen gehn.
Schlaf, Hörnchen, schlaf.

(Melodie: Schlaf, Kindlein, schlaf)

Idee: Marion Bischoff